This Log Book
Belongs to

....
....
....

Name
Site Address
Login/username
Password
Note

Name
Site Address
Login/username
Password
Note

Name
Site Address
Login/username
Password
Note

NOTE

Name
Site Address
Login/username
Password
Note

Name
Site Address
Login/username
Password
Note

Name
Site Address
Login/username
Password
Note

NOTE

Name	
Site Address	
Login/username	
Password	
Note	

Name	
Site Address	
Login/username	
Password	
Note	

Name	
Site Address	
Login/username	
Password	
Note	

NOTE

Name
Site Address
Login/username
Password
Note

Name
Site Address
Login/username
Password
Note

Name
Site Address
Login/username
Password
Note

NOTE

Name
Site Address
Login/username
Password
Note

Name
Site Address
Login/username
Password
Note

Name
Site Address
Login/username
Password
Note

NOTE

Name
Site Address
Login/username
Password
Note

Name
Site Address
Login/username
Password
Note

Name
Site Address
Login/username
Password
Note

NOTE

Name
Site Address
Login/username
Password
Note

Name
Site Address
Login/username
Password
Note

Name
Site Address
Login/username
Password
Note

NOTE

Name
Site Address
Login/username
Password
Note

Name
Site Address
Login/username
Password
Note

Name
Site Address
Login/username
Password
Note

NOTE

Name
Site Address
Login/username
Password
Note

Name
Site Address
Login/username
Password
Note

Name
Site Address
Login/username
Password
Note

NOTE

Name
Site Address
Login/username
Password
Note

Name
Site Address
Login/username
Password
Note

Name
Site Address
Login/username
Password
Note

NOTE

Name
Site Address
Login/username
Password
Note

Name
Site Address
Login/username
Password
Note

Name
Site Address
Login/username
Password
Note

NOTE

Name
Site Address
Login/username
Password
Note

Name
Site Address
Login/username
Password
Note

Name
Site Address
Login/username
Password
Note

NOTE

Name
Site Address
Login/username
Password
Note

Name
Site Address
Login/username
Password
Note

Name
Site Address
Login/username
Password
Note

NOTE

Name
Site Address
Login/username
Password
Note

Name
Site Address
Login/username
Password
Note

Name
Site Address
Login/username
Password
Note

NOTE

Name
Site Address
Login/username
Password
Note

Name
Site Address
Login/username
Password
Note

Name
Site Address
Login/username
Password
Note

NOTE

Name
Site Address
Login/username
Password
Note

Name
Site Address
Login/username
Password
Note

Name
Site Address
Login/username
Password
Note

NOTE

33

Name
Site Address
Login/username
Password
Note

Name
Site Address
Login/username
Password
Note

Name
Site Address
Login/username
Password
Note

NOTE

Name
Site Address
Login/username
Password
Note

Name
Site Address
Login/username
Password
Note

Name
Site Address
Login/username
Password
Note

NOTE

Name	
Site Address	
Login/username	
Password	
Note	

Name	
Site Address	
Login/username	
Password	
Note	

Name	
Site Address	
Login/username	
Password	
Note	

NOTE

Name
Site Address
Login/username
Password
Note

Name
Site Address
Login/username
Password
Note

Name
Site Address
Login/username
Password
Note

NOTE

Name
Site Address
Login/username
Password
Note

Name
Site Address
Login/username
Password
Note

Name
Site Address
Login/username
Password
Note

NOTE

Name
Site Address
Login/username
Password
Note

Name
Site Address
Login/username
Password
Note

Name
Site Address
Login/username
Password
Note

NOTE

Name
Site Address
Login/username
Password
Note

Name
Site Address
Login/username
Password
Note

Name
Site Address
Login/username
Password
Note

NOTE

Name
Site Address
Login/username
Password
Note

Name
Site Address
Login/username
Password
Note

Name
Site Address
Login/username
Password
Note

NOTE

Name
Site Address
Login/username
Password
Note

Name
Site Address
Login/username
Password
Note

Name
Site Address
Login/username
Password
Note

NOTE

Name
Site Address
Login/username
Password
Note

Name
Site Address
Login/username
Password
Note

Name
Site Address
Login/username
Password
Note

NOTE

Name
Site Address
Login/username
Password
Note

Name
Site Address
Login/username
Password
Note

Name
Site Address
Login/username
Password
Note

NOTE

55

Name
Site Address
Login/username
Password
Note

Name
Site Address
Login/username
Password
Note

Name
Site Address
Login/username
Password
Note

NOTE

Name
Site Address
Login/username
Password
Note

Name
Site Address
Login/username
Password
Note

Name
Site Address
Login/username
Password
Note

NOTE

Name
Site Address
Login/username
Password
Note

Name
Site Address
Login/username
Password
Note

Name
Site Address
Login/username
Password
Note

NOTE

Name
Site Address
Login/username
Password
Note

Name
Site Address
Login/username
Password
Note

Name
Site Address
Login/username
Password
Note

NOTE

Name	
Site Address	
Login/username	
Password	
Note	

Name	
Site Address	
Login/username	
Password	
Note	

Name	
Site Address	
Login/username	
Password	
Note	

NOTE

Name
Site Address
Login/username
Password
Note

Name
Site Address
Login/username
Password
Note

Name
Site Address
Login/username
Password
Note

NOTE

Name
Site Address
Login/username
Password
Note

Name
Site Address
Login/username
Password
Note

Name
Site Address
Login/username
Password
Note

NOTE

Name
Site Address
Login/username
Password
Note

Name
Site Address
Login/username
Password
Note

Name
Site Address
Login/username
Password
Note

NOTE

Name
Site Address
Login/username
Password
Note

Name
Site Address
Login/username
Password
Note

Name
Site Address
Login/username
Password
Note

NOTE

73

Name	
Site Address	
Login/username	
Password	
Note	

Name	
Site Address	
Login/username	
Password	
Note	

Name	
Site Address	
Login/username	
Password	
Note	

NOTE

Name
Site Address
Login/username
Password
Note

Name
Site Address
Login/username
Password
Note

Name
Site Address
Login/username
Password
Note

NOTE

Name
Site Address
Login/username
Password
Note

Name
Site Address
Login/username
Password
Note

Name
Site Address
Login/username
Password
Note

NOTE

Name
Site Address
Login/username
Password
Note

Name
Site Address
Login/username
Password
Note

Name
Site Address
Login/username
Password
Note

NOTE

Name
Site Address
Login/username
Password
Note

Name
Site Address
Login/username
Password
Note

Name
Site Address
Login/username
Password
Note

NOTE

Name	
Site Address	
Login/username	
Password	
Note	

Name	
Site Address	
Login/username	
Password	
Note	

Name	
Site Address	
Login/username	
Password	
Note	

NOTE

Name
Site Address
Login/username
Password
Note

Name
Site Address
Login/username
Password
Note

Name
Site Address
Login/username
Password
Note

NOTE

Name
Site Address
Login/username
Password
Note

Name
Site Address
Login/username
Password
Note

Name
Site Address
Login/username
Password
Note

NOTE

Name
Site Address
Login/username
Password
Note

Name
Site Address
Login/username
Password
Note

Name
Site Address
Login/username
Password
Note

NOTE

Name
Site Address
Login/username
Password
Note

Name
Site Address
Login/username
Password
Note

Name
Site Address
Login/username
Password
Note

NOTE

Name
Site Address
Login/username
Password
Note

Name
Site Address
Login/username
Password
Note

Name
Site Address
Login/username
Password
Note

NOTE

Name
Site Address
Login/username
Password
Note

Name
Site Address
Login/username
Password
Note

Name
Site Address
Login/username
Password
Note

NOTE

Name
Site Address
Login/username
Password
Note

Name
Site Address
Login/username
Password
Note

Name
Site Address
Login/username
Password
Note

NOTE

Name
Site Address
Login/username
Password
Note

Name
Site Address
Login/username
Password
Note

Name
Site Address
Login/username
Password
Note